# ACTÉON

## CHANGÉ EN CERF,

OU

## LA VENGEANCE DE DIANE,

SCÈNES ÉQUESTRES,

A grand Spectacle et en deux Parties,

PAR M. AUGUSTIN ***.

Musique de M. DARONDEAU, Décors de M. Mœnch,

Réprésentées pour l'Ouverture du Cirque Olympique, le 4 mars
1811.

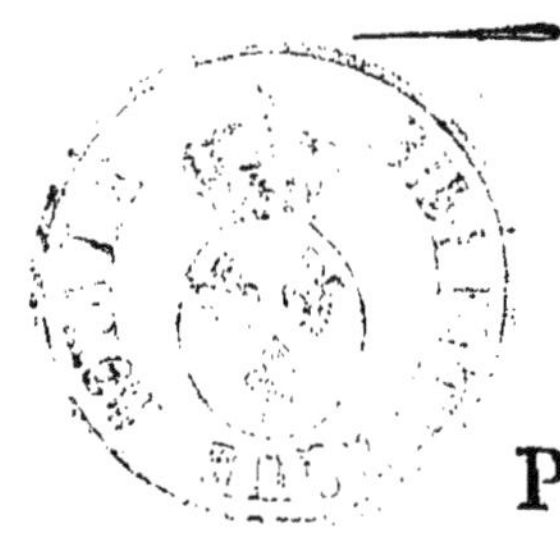

## PARIS,

CHEZ BARBA, LIBRAIRE, PALAIS-ROYAL,
DERRIÈRE LE THÉATRE FRANÇAIS, N°. 51.
1811.

| PERSONNAGES. | ACTEURS. |
| --- | --- |
| DIANE. | M<sup>lle</sup>. Griva. |

<div style="text-align:center">~~~~~~~~~~~~~~~~~~~~~~~~~~~~~~~~~~~~~~~~~~~~~~~~~~~~~~~~~~~~</div>

## PERSONNAGES.                    ACTEURS.

DIANE.                                     M<sup>lle</sup>. Griva.
ACTÉON.                                  M<sup>r</sup>.  Adolphe.
L'AMOUR.                               M<sup>lle</sup>. Augustine.
LE CENTAURE CHIRON.      M<sup>r</sup>.  St.-Martin.
Deux autres Centaures.
L'AURORE.                              M<sup>lle</sup>. Aglaé.
Deux Premières Nymphes de Diane.
ZÉPHIRE.
UN SYLPHE.                           M<sup>r</sup>. François.
UNE NAIADE.                        M<sup>lle</sup>. Coelina.
Petits Génies de la suite de Zéphire.
Nymphes de Diane.
Chasseurs, Compagnons d'Actéon.
Petits Cupidons.
Plaisirs.

*La scène se passe dans un lieu voisin du
Temple de Diane.*

# ACTÉON

## CHANGÉ EN CERF,

OU

## LA VENGEANCE DE DIANE,

SCÈNES ÉQUESTRES,

A grand Spectacle, en deux Parties.

# PREMIÈRE PARTIE.

(*Le Théâtre représente un Bois touffu;
à droite du public l'extérieur d'un
Temple.*)

## SCENE Ire.

Au lever du rideau, il fait nuit; toutes
les Nymphes de Diane, couchées ça et là sur

des bancs de gazon, sur la mousse et sur les dégrés duTemple,sommeillent paisiblement. Quatre Nymphes seulement veillent et se promènent en regardant de tems en tems vers lOrient.

Insensiblement l'obscurité fait place à la clarté de l'astre des Nuits. Le chant des Oiseaux annonce le retour de Phœbé.

Les Nymphes sentinelles réveillent leurs compagnes ; toutes s'apprêtent à recevoir la Déesse.

## SCENE II.

Phœbé s'avance ; bientôt son disque brille au milieu des nuages épais et sombres.

Toutes les Nymphes rendent hommage à Phœbé , et brûlent des parfums en l'honneur de son retour. Phœbé descend des nuages, et reçoit avec affabilité les hommages de ses Nymphes.

## SCENE III.

L'Aurore paroît accompagnée des Zéphires,

et vient succéder à Phœbé qui lui cède son char ; l'Aurore prend congé de Phœbé, repart pour ouvrir la barrière au plus beau jour.

Phœbé, qui maintenant prend le nom de Diane, témoigne à ses Nymphes le désir de se livrer au repos ; déjà elle s'endort dans leurs bras.

Ses Nymphes l'entraînent en la balançant doucement.

## SCENE IV.

Actéon suivi de plusieurs compagnons de chasse entre ; tous sont à la poursuite d'un Ours ; Actéon le tue ; bientôt il apperçoit le Temple de Diane, et paroît ému, ensuite il congédie ses Compagnons en les invitant à le laiser seul dans la forêt.

Ses Compagnons sortent en emportant l'Ours sur un pavois de branchages.

## SCENE V.

Actéon, seul, exprime son amour pour

Diane ; il se prosterne devant le Temple.

## SCÈNE VI.

Dans le fond de la forêt, on voit paroître le centaure Chiron, et quelques autres centaures. Chiron questionne Actéon ; ce dernier lui confie l'amour qu'il ressent pour Diane.

Chiron fait les plus courtes, mais les plus vives remontrances à son élève. Actéon fait comprendre que sa passion est indomptable. Chiron lui prédit les plus grands malheurs, et disparoît.

## SCÈNE VII.

Actéon, seul, se désespère, s'approche du Temple, recule avec effroi, et va fuir.

## SCENE VIII.

L'Amour, sortant tout-à-coup d'un

tronc d'arbre sur lequel Actéon s'est ap-
puyé, le surprend et le console. L'Amour,
pour l'encourager, fait sortir de terre une
colonne, sur laquelle on lit ces mots :
*Amour, Confiance.* Actéon enflammé va
se précipiter dans le temple de Diane.

Le son des trompes de chasse l'arrête; il
recule; l'Amour le rassure; à un signal, un
char de nuages vient enlever l'Amour et
Actéon; tous deux disparoissent.

## SCENE IX.

Les nymphes de Diane, s'armant de
trompes de chasses, sortent du temple;
Diane paroît bientôt.

On dispose tout pour une chasse bril-
lante. Les Nymphes prennent leurs arcs
et carquois suspendus aux branches d'ar-
bres.

Quelques autres apportent, en dansant,
les armes de chasse à la Déesse.

Bientôt un daim traverse le fond de la forêt. Diane et ses Nymphes se mettent à sa poursuite.

Grande chasse.

*Fin de la première Partie.*

# SECONDE PARTIE.

---

*Le Théâtre représente un site pittoresque, rendez-vous de chasse de Diane. A gauche du Public est une fontaine; l'eau qui en jaillit tombe dans un bassin formé par la nature. Au fond on apperçoit un agréable paysage, et une portion de cercle du zodiaque, se décrit sur l'horizon.*

## SCÈNE Ire.

L'AMOUR et Actéon paroissent. Actéon est triste. L'Amour l'encourage; bientôt le son des cors se fait entendre; à ce bruit, Actéon exprime sa joie; il veut s'élancer vers le lieu d'où part le son des cors; l'Amour l'arrête; lui donne le conseil de se cacher. Actéon sort avec l'Amour.

## SCÈNE II.

Diane et ses Nymphes s'avancent. Le daim tué est apporté par plusieurs d'elles. Grande marche.

Bientôt on voit parîotre Apollon, parcourant le zodiaque avec le char du Soleil. Toutes les Nymphes saluent le Soleil.

Diane se plaint de l'excessive chaleur; une de ses Nymphes appelle Zéphire.

## SCÈNE III.

Zéphire paroit; il est suivi de plusieurs petits Génies aîlés, tenant des palmes avec lesquelles ils agitent l'air, en formant des danses autour des Nymphes de Diane.

Un Sylphe s'avance; il invite la Naïade, qui habite la caverne profonde de la fon-

taine, à se joindre à lui pour récréer Diane
quelques momens.

## SCÈNE IV.

La Naïade paroît.

Divertissemens.

L'air étant suffisamment raffraîchi, la
Naïade offre à Diane de se baigner dans
les eaux de la fontaine. Diane accepte ; on
congédie le Sylphe et les Zéphires.

Les Nymphes coupent des branches, et
les plantent autour du bassin ; Diane descend dans le bassin de la fontaine, avec la
Naïade, et disparoît.

Les Nymphes se mettent de tous côtés
en vedette.

## SCÈNE V.

L'Amour traverse mystérieusement le
fond de la scène avec Actéon.

Les Nymphes, écartant les branchages, apportent à Diane, dans le bain, des fruits savoureux.

Des cris plaintifs d'enfant se font bientôt entendre.

Les Nymphes écoutent. Quelques unes volent vers le lieu d'où partent les cris.

## SCENE VI.

Les Nymphes rapportent un petit enfant expirant d'inanition ; toutes les Nymphes l'entourent et lui prodiguent les plus grands soins ; les unes lui apportent des fruits, les autres de l'eau de la fontaine. Ce pauvre et malin enfant, ( *c'est l'Amour* ) se riant à part des secours qu'on lui donne, feint d'expirer entre les bras des Nymphes qui le présentent à Diane.

## SCÈNE VII.

Actéon paroît sur le haut des rochers, contemplant Diane dans le bain.

Une des Nymphes aperçoit Actéon, et jette un cri d'épouvante.

L'Amour, jetant son déguisement et poursuivant les Nymphes à coup de flèches, s'enfuit en riant aux éclats. Les branchages sont aussitôt rapprochés, et Diane devient invisible. Le plus grand désordre règne parmi elles.

## SCÈNE VIII.

Les Nymphes s'apprêtent à se mettre aussitôt à la poursuite de l'audacieux mortel, et prennent des flèches dans leur carquois.

## SCÈNE IX.

Diane paroît; elle est furieuse et ne respire que vengeance. Elle ordonne à ses Nymphes de se mettre à la recherche d'Actéon.

## SCÈNE X.

Les Nymphes partent de divers côtés;

Actéon, poursuivi de toutes parts, traverse la scène et cherche en vain son salut dans la fuite. Epuisé de fatigue, il tombe au milieu des Nymphes.

Actéon cherche à fléchir la Déesse : elle est inexorable. Déjà le tonnerre gronde ; Diane ordonne qu'Actéon, attaché à un arbre, soit percé de mille traits. Un monstre aîlé traverse les airs ; il tient dans ses griffes une légende portant ces mots : *Actéon doit périr*. On s'empresse d'exécuter les ordres de Diane. Déjà Actéon est lié à l'arbre fatal, et tous les traits sont dirigés vers lui.

Tout-à-coup un buisson épais mêlé de vapeurs, s'élève autour d'Actéon qui devient invisible à l'extrême surprise de Diane et de ses Nymphes.

Diane courroucée s'élance vers le buisson, le frappe de son arc.

Le buisson disparoît ; un jeune Cerf s'en échappe et s'enfuit. Les Nymphes courent après lui. Il est atteint et amené aux pieds de la Déesse.

## SCENE XI.

L'Amour paroît tout-à-coup ; il est suivi des compagnons d'Actéon.

L'Amour et les compagnons d'Actéon prient la Déesse de le laisser vivre sous sa nouvelle forme ; Diane rejette avec dedain les instances de l'Amour : les compaguons d'Actéon se prosternent , et Actéon-Cerf s'agenouille lui-même ; mais rien ne peut fléchir Diane ; elle ordonne de frapper ; les Nymphes s'avancent : l'Amour se mettant aussitôt au-devant d'Actéon , fait un signe , et au même instant une pluie et une haie de feu forcent les Nymphes et Diane elle-même à s'éloigner , en exprimant une impuissante colère.

## SCENE XII.

Actéon-Cerf, resté immobile au milieu du feu, est garanti par un voile d'azur, que de petits Amours, descendant des nues , tiennent suspendu au-dessus de lui.

## SCENE XIII et dernière.

Le fond de la scène change et représente une immense montagne de nuages , sur laquelle sont groupés de petits Cupidons et des Nymphes : cette montagne s'avance majestueusement jusqu'au bord de la scène : l'Amour y fait monter Actéon-Cerf; la montagne s'éloigne : tableau général.

*Le Rideau tombe.*

FIN.

DE L'IMPRIMERIE D'ÉVERAT, RUE St.-SAUVEUR, n°. 41.